Este libro le pertenece a:

......................................................................

Copyright © BPA Publishing Ltd 2020

Autora: Pip Reid

Ilustrador: Thomas Barnett

Director creativo: Curtis Reid

# www.biblepathwayadventures.com

Gracias por apoyar a Bible Pathway Adventures®. Nuestra serie de aventuras ayuda a los padres a enseñarles a sus hijos sobre la Biblia de una forma divertida y creativa. Diseñada para toda la familia, la misión de Bible Pathway Adventures es reintroducir el discipulado en los hogares de todo el mundo. ¡La búsqueda de la verdad es más divertida que la tradición!

Los derechos morales de la autora y el ilustrador han sido declarados. Este libro está protegido por copyright.

ISBN: 978-1-989961-22-3

# Salvado por un Asna

Las aventuras de Balaam

*"Dios contestó a Balaam: 'No vayas con ellos ni maldigas al pueblo de Israel, porque está bendecido'". (Números, 22:12)*

El rey Balac de Moab contempló a los israelitas acampados cerca de su tierra y tembló de miedo. Había escuchado la historia de los hijos de Israel, llamados hebreos, y de su largo viaje a través del desierto. Habían ganado muchas batallas y habían derrotado a muchos enemigos. Ahora, las doce tribus de Israel y su líder, Moisés, estaban allí.

El rey señaló el campamento de los israelitas sobre las planicies de Moab. "¡Mirad!", dijo a los ancianos de Madián, quienes estaban de pie a su lado. "Hay millones de ellos. Con razón derrotaron a Og, el rey de Basán. Si son capaces de acabar con esos temibles gigantes, entonces pueden robarnos nuestra tierra fácilmente".

Los ancianos de Madián estuvieron de acuerdo. Tenían miedo de que los israelitas pudieran arrebatarles también su tierra. "Sabemos que su Dios es sabio y poderoso, y que nuestro ejército es pequeño", reflexionaron. "¡Deberíamos encontrar un modo de deshacernos de ellos antes de que nos ataquen!". Lo que no sabían era que Yah, el Dios de Abraham, Isaac y Jacob, le había dicho a Moisés que dejara tranquilos a los moabitas y madianitas.

Así que juntas, las dos naciones elaboraron un plan absurdo para deshacerse de los israelitas. "En Mesopotamia hay un profeta famoso llamado Balaam", dijo el rey. "Si le pagásemos mucho dinero, estaría dispuesto a maldecir a quien le indicáramos". Los ancianos de Madián sonrieron al rey. "Sí, paguémosle para que maldiga a los israelitas y así deban marcharse".

Al rey Balac le gustaba la idea. Mandó a llamar a sus mensajeros. "Id en busca de Balaam", les dijo. "Le pagaré mucho dinero para que venga y maldiga a los israelitas. ¡Debemos deshacernos de los hebreos lo antes posible!". Con una bolsa repleta de dinero, los mensajeros montaron en sus camellos y se pusieron en marcha hacia la tierra de Mesopotamia.

Tras un largo viaje a través del desierto, llegaron al pueblo de Petor, cerca del río Éufrates, donde vivía Balaam. Un gran zigurat se alzaba por encima de las casas. Palmeras de gran tamaño se mecían con la brisa. Todos se asomaban en sus casas para contemplar a los forasteros que llegaban sobre camellos. ¿Quiénes eran aquellos mensajeros de Moab?

¿Sabías que?

Og, el rey de Basán, era un gigante. La Biblia usa las palabras hebreas Nefilim o Refaim para describir a los gigantes. (Deuteronomio 3:11)

Los emisarios hallaron la casa donde vivía Balaam y entraron sin vacilar. "Traemos un mensaje importante del rey de Moab", dijeron. "Sabemos que aquel a quien bendices es bendecido, y que aquel a quien maldices queda maldito. Los poderosos israelitas están acampados cerca de nuestra tierra. Ven con nosotros y maldícelos para que nos dejen en paz".

Un mensajero agitó la bolsa de dinero frente a Balaam. "El rey te pagará mucho dinero por tus servicios", aseguró. Balaam miró el dinero con avaricia. Le gustaba la idea de obtener riquezas y poder. Frotándose las manos, dijo a los enviados reales: "Quedaos aquí esta noche. Hablaré con Dios y por la mañana os haré saber mi decisión". Balaam sabía que solo podía maldecir al pueblo de Israel si Dios se lo permitía.

Esa noche, mientras Balaam dormía, Dios le habló: "No acompañes a esos hombres ni maldigas al pueblo de Israel, porque está bendecido".

Al amanecer, Balaam habló con los mensajeros. "Volved a vuestra patria", les pidió. "Dios no me permitirá maldecir a los israelitas". Los mensajeros estaban sorprendidos. "El rey te pagará mucho dinero. ¡Serás muy rico!". Pero Balaam sacudió la cabeza. "No. Solo puedo acudir si Dios me lo permite".

Por mucho que lo intentaron, no hubo nada que los mensajeros pudieran hacer para que Balaam cambiara de parecer. Uno por uno, subieron a sus camellos y volvieron a Moab sin él.

El rey Balac estaba sorprendido de que Balaam no hubiese acompañado a sus emisarios. Pensaba que al profeta le habría gustado conseguir riquezas y honor. "Su Dios no le permite maldecir a los israelitas", le informaron los mensajeros. "Nada de lo que prometimos a Balaam consiguió hacerle cambiar de parecer". El rey daba vueltas sin parar. ¡Necesitaba la ayuda de Balaam con urgencia! "Escuchad", dijo a los mensajeros. "Tengo otra idea. Vamos a ofrecer a Balaam todavía más dinero a cambio de que maldiga a los israelitas". Y esta vez, envió como mensajeros a importantes personalidades.

"Ven a maldecir a los israelitas", instaron los mensajeros a Balaam cuando se encontraron con él en Petor. "El rey de Moab te ofrece más riquezas que antes y hará lo que le pidas".

Balaam sonrió con el pecho hinchado de orgullo. Le gustaba la manera en que el rey de Moab lo hacía sentir importante. "Aunque el rey me ofrezca un gran palacio rebosante de plata y oro, no puedo desobedecer a mi Dios y acompañaros. No obstante, quedaos aquí esta noche como hicieron los otros y escucharé lo que Dios tiene que decirme".

Dios sabía lo que Balaam tenía en su corazón. Sabía que el amor del profeta por el dinero era mayor que su obediencia hacia Él. Esa noche, mientras todos dormían, Dios le habló: "Si estos hombres te piden que vayas con ellos, prepárate y acompáñalos. Cuando llegues a la tierra de Moab, sé precavido y di solo lo que Yo te indique". Sin embargo, Balaam tenía otro plan secreto en mente.

Temprano por la mañana, Balaam saltó de la cama. Ensilló su asna y partió rumbo a la tierra de Moab, junto con dos sirvientes. Mientras montaba su burra por un polvoriento camino, reflexionó sobre su plan secreto para complacer tanto a Dios como al rey. *"Quizás puedo decir lo que Dios desea que diga y, a la vez, tener al rey contento"*, murmuró para sí.

Mientras el ambicioso profeta se dirigía hacia la tierra de Moab, Dios decidió impedir que llevara a cabo su astuto plan. Repentinamente, un magnífico ángel apareció frente a Balaam y su asna, bloqueando el camino.

*¡HIAAAA, HIAAAA!* El asna estaba tan asustada que sus patas comenzaron a temblar. Se salió del camino y entró en un campo, con sus largas orejas caídas moviéndose como alas. "¡Quieta!", gritó Balaam. "¿Qué estás haciendo?". El profeta no podía ver al ángel que su asna sí veía. La fustigó con su bastón hasta que el animal regresó al sendero.

### ¿Sabías que?

Muchas personas creen que hay formas diferentes de pronunciar el nombre de Dios. Estas incluyen, por ejemplo, Yah, Yahweh y Yahuah.

Balaam y su asna continuaron su camino hacia la tierra de Moab. Pasaron entre dos viñedos delimitados por altos muros. El ángel celestial se apareció de nuevo frente a ellos, cerrándoles el paso.

Los ojos de la burra casi se le salían de sus órbitas. Se apartó bruscamente, aplastando el pie de Balaam contra el muro. "¡Ay! ¿Por qué haces esto? ¡Me duele el pie!", gritó. Levantando el bastón por encima de su cabeza, golpeó al animal con más fuerza que antes.

Más adelante, el ángel estaba parado en un lugar angosto del camino, impidiéndoles avanzar. Cuando el asna vio al ángel por tercera vez, el terror la invadió. Se tumbó en medio del sendero y se negó a moverse. Balaam se encolerizó. "¿Qué te pasa?", le gritó. Estaba cansado del extraño comportamiento de su asna. Nunca antes la había visto comportarse de aquella manera.

Aunque los animales no pueden hablar como tú y como yo, milagrosamente Dios le dio al asna de Balaam la capacidad de hablar. La bestia abrió su boca de grandes dientes lo más que pudo y, tras soltar un rebuzno, dijo: *"Amo ¿por qué me tratas así?"*.

Balaam estaba furioso y amenazó con los puños a su asna. "Me estás haciendo quedar como un tonto", rugió. "Si tuviera una espada, te mataría". El animal se quedó mirando fijamente a Balaam. *"Toda mi vida te he servido fielmente como montura. ¿Acaso te he tratado mal alguna vez?"*.

En ese mismo momento, el poder de Dios abrió los ojos de Balaam, quien levantó la mirada y se quedó sin aliento. De pie, en el sendero, había un ángel magnífico. Pero no era un ángel ordinario. Aquel majestuoso ángel era Yeshua, el Hijo de Dios. Balaam miró a su alrededor, ansioso. No había manera de escapar. Con su corazón latiendo de miedo, se postró sobre la tierra ante Yeshua. Sentía tanto pavor que no podía decir una sola palabra.

### ¿Sabías que?

El nombre hebreo de Jesús es Yeshua. Su nombre completo es Yehoshua, que significa "Dios es mi salvación".

"¿Por qué has golpeado al asna tres veces?", preguntó Yeshua a Balaam. "He venido a detenerte, porque tu modo de actuar Me parece equivocado. Tu asna Me vio y se apartó tres veces. ¡Si no se hubiese hecho a un lado, habría tomado tu vida y habría salvado la de ella!".

Balaam estaba tendido en el suelo frente a Yeshua, suplicando misericordia. "He pecado. No sabía que te encontrabas en el sendero. Si no quieres que vaya a la tierra de Moab, regresaré a mi hogar".

"Ve a la tierra de Moab", dijo Yeshua. "Pero solamente dirás lo que Yo te indique". Balaam se puso en pie rápidamente. Saltó sobre el lomo de su asna y partió hacia la tierra de Moab tan rápido como su animal pudo llevarlo. Cuando el rey de Moab avistó a Balaam en la lejanía, corrió a recibirlo. "¿Por qué no viniste cuando te lo pedí la primera vez?", exclamó. "¿Acaso no te envié suficiente dinero?".

"Aquí me tienes ahora", dijo Balaam. "Pero solamente puedo decir lo que Dios me indique". El rey se estrujó las manos. "Ven rápidamente y maldice a los israelitas para mí". Pero Dios tenía otro plan en mente.

A la mañana siguiente, el rey Balac se dirigió con Balaam a un lugar elevado, donde el pueblo de Moab adoraba a dioses falsos. Estos lugares eran plataformas construidas en lo alto de una colina o una montaña. Allí los moabitas sacrificaban animales en honor a dioses falsos, como Baal.

Desde la cima de la montaña, Balaam podía contemplar a las doce tribus de Israel acampadas en el valle. Dijo al rey: "Constrúyeme siete altares. Luego quema siete toros y siete carneros". El rey hizo lo que Balaam le había pedido. Construyó siete altares de piedra y quemó siete toros y siete carneros como sacrificio para Dios.

Realizado el sacrificio, Balaam dijo al rey: "Quédate de pie junto a la ofrenda humeante mientras yo espero a que Dios me muestre qué hacer". El rey aplaudió. "¡Pronto los israelitas se habrán marchado!", dijo, muy contento.

No muy lejos, Balaam se arrodilló y se dirigió a Dios. "He levantado siete altares y he quemado un toro y un carnero en cada uno. ¿Tienes algún mensaje para el rey?". Dios contestó: "Sí, ve con él y repítele las palabras que Yo te diré".

Balaam se levantó. Regresó junto al rey, quien esperaba de pie junto a los restos del sacrificio. Extendiendo los brazos, le habló. "Dios dice: 'No puedo maldecir lo que Yo he bendecido. El pueblo de Israel está bendecido más que cualquier otra nación'".

El rey Balac quedó boquiabierto. Aquél no era el mensaje que quería escuchar. "¿Qué estás diciendo?", gritó. Pataleó con fuerza y señaló enojado a Balaam: "Te traje aquí para que maldijeras a mis enemigos y ahora los has bendecido".

"¡Escucha!", dijo Balaam al rey. "No hay nada que pueda hacer. Te dije que solamente podía decir lo que Dios me indicara". El rey frunció sus cejas y se rascó la barba. No se iba a dar por vencido. "Acompáñame a otro lugar, donde puedas tener a la vista a los israelitas", dijo. "Tal vez puedas maldecirlos desde allí".

¿Sabías que?

Un verdadero profeta de Dios dirá solo lo que Dios quiere que diga.
(Deuteronomio 18:18)

Con sus capas ondeando violentamente tras él, el rey Balac condujo a Balaam a la cima de un monte más alto. Nuevamente, levantó siete altares de piedra y quemó un toro y un carnero en cada altar. Cuando el rey hubo hecho el sacrificio, Balaam le dijo: "Espera de pie junto a tu ofrenda humeante mientras consulto con Dios". El rey sacudió la cabeza, impaciente. Quería que los israelitas se marchasen cuanto antes.

Una vez más, Dios habló a Balaam. "Regresa con Balac y dile solamente lo que Yo te mande a decir". Balaam miró nerviosamente al rey. Temía que no quisiera oír ningún otro mensaje de Dios.

Pero Balaam obedeció a Dios. "Mi Dios dice: 'No soy como los hombres. No cambio de parecer. No retiraré Mi bendición al pueblo de Israel. Cuando prometo algo, lo cumplo. Saqué a los israelitas de Egipto y los hice fuertes. No los maldeciré'".

"¡¿Qué?!". El rey se quedó mirando estupefacto a Balaam. "¡Si no puedes maldecir a los israelitas, al menos no los bendigas!". Balaam se encogió de hombros y suspiró. "Solo puedo decir lo que Dios desea que diga".

El rey Balac estaba muy molesto. A la mañana siguiente, llevó a Balaam a la cima de otra montaña, muy por encima de las nubes. "Quizás tu dios te permitirá maldecir a los israelitas desde aquí", dijo el monarca. Una vez más, el rey levantó siete altares de piedra y quemó un toro y un carnero en cada altar.

Viendo que a Dios le agradaba bendecir a los israelitas, Balaam contempló las llanuras de Moab, donde estos acampaban, y dijo: "Que hermosas son las tiendas de Israel. Vencerán a sus enemigos. Benditos sean todos los que bendigan a Israel. ¡Malditos sean quienes maldigan a Israel!".

El rey Balac se puso furioso. Golpeó el suelo con sus puños. "¡Te dije que maldijeras a los israelitas, pero los has bendecido tres veces! Iba a darte grandes riquezas, pero Dios ha impedido que obtengas tu recompensa. ¡Ahora vuelve a tu hogar!".

Balaam inspiró profundamente antes de hablar. "Escúchame. Les dije a tus mensajeros que aunque me ofrecieras grandes tesoros, no podría desobedecer a Yah, el Dios de Abraham, Isaac y Jacob. Me iré, pero antes debo transmitirte otra advertencia de Él".

El rey no estaba seguro de querer escuchar lo que Balaam tenía que decir. Temía que el profeta tuviera más malas noticias. Pero ya era demasiado tarde. "Un Mesías surgirá de Israel y destruirá a sus enemigos", anunció Balaam, "incluyendo a tu pueblo en la tierra de Moab". El rey jadeó y se tapó los oídos. Aquél no era el mensaje que quería recibir. "¿Qué estás diciendo?", gritó. "¡Calla! No quiero escuchar nada más. ¡Tan solo márchate!".

Balaam aún deseaba las riquezas que el rey le había prometido. Antes de marcharse, ideó un plan para perjudicar a los israelitas. Sabía que los hebreos estaban bendecidos mientras continuaran obedeciendo a Dios. Si pecaban o desobedecían las instrucciones de Dios, se maldecirían ellos mismos.

"Si quieres someter a los israelitas", dijo Balaam al rey, "invita a sus hombres a pasar tiempo con las mujeres moabitas y madianitas. Ellas les presentarán a sus dioses y los hebreos olvidarán por completo las instrucciones de Dios". Los ojos del rey brillaron. Le gustaba esa idea. Sabía que los hombres de Israel se sentirían atraídos por las mujeres de Canaán.

Efectivamente, los hombres de Israel comenzaron a frecuentar a las mujeres locales, quienes tenían sus propias costumbres y dioses. Pronto los israelitas se olvidaron de las instrucciones de Dios acerca de no casarse con ellas o de no seguir sus costumbres.

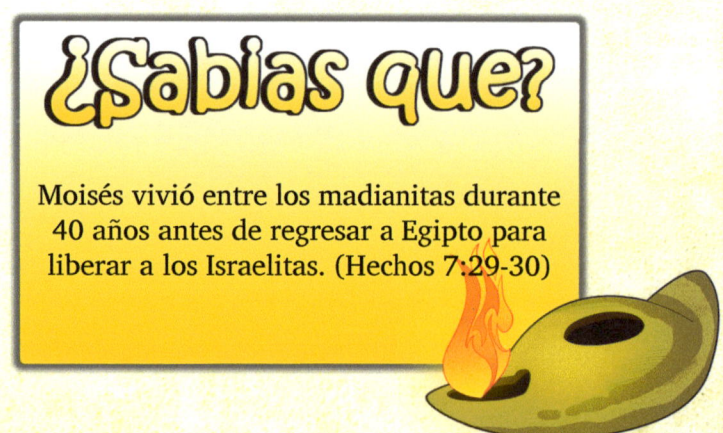

¿Sabías que?

Moisés vivió entre los madianitas durante 40 años antes de regresar a Egipto para liberar a los Israelitas. (Hechos 7:29-30)

Dios estaba furioso con los israelitas. "¡Mi pueblo me está desobedeciendo y está adorando a ídolos!", rugió. Para enseñarles una lección, envió una plaga sobre los hombres que le habían desobedecido, y muchos de ellos murieron.

Dios también quiso castigar a los madianitas. Estaba furioso porque estos habían engañado a Su pueblo para que le desobedeciera. Dijo a Moisés: "Trata a los madianitas como enemigos y atácalos". Moisés reclutó a mil hombres de cada una de las doce tribus de Israel y los condujo a la batalla, llevando consigo el Arca de la Alianza, una caja especial de oro en las que guardaban las tablas de piedra en las que Dios había escrito Sus Mandamientos.

Los shofares bramaron con fuerza y los tambores retumbaron. Aunque los madianitas superaban a los israelitas en número, los hebreos no tardaron en destruir a sus enemigos y ganar la batalla. Dios es el mismo ayer, hoy y siempre. Él promete bendecir a Sus hijos si obedecen Sus instrucciones y siguen Su Camino. Y Él siempre mantiene Sus promesas.

# FIN

# ¡Prueba tu conocimiento!
*(Empareja la pregunta con la respuesta correcta en la parte de abajo de la página)*

## PREGUNTAS

¿Quiénes acamparon en las planicies de Moab? ............................

¿Quién era el rey de Moab? ............................

¿Por qué el rey le pidió a Balaam que fuera a Moab? ............................

¿Quiénes viajaron con Balaam y su asna? ............................

¿En qué libro de la Biblia está la historia de Balaam y su asna? ............................

¿Qué tipo de animal le habló a Balaam? ............................

¿Quién fue el Ángel de Dios que se le apareció a Balaam? ............................

¿Qué hizo Balaam después de que el Ángel de Dios le perdonara la vida? ............................

Para derrotar a los israelitas, ¿qué le dijo Balaam al rey Balac que hiciera? ............................

¿Cuántas veces Balaam bendijo a los israelitas? ............................

### RESPUESTAS

1. Las doce tribus de Israel
2. El rey Balac
3. Para maldecir a los israelitas
4. Dos sirvientes
5. Números 22–25
6. Un asna
7. Yeshua
8. Viajó a Moab y bendijo a los israelitas
9. Que enviara a las mujeres moabitas a pasar tiempo con los hombres israelitas (Números 31:15)
10. Tres veces

**Completa la sopa de letras**

| | |
|---|---|
| BALAAM | ALTAR |
| ASNA | TIENDAS |
| ISRAEL | BENDECIDO |
| REY | MOAB |
| BALAC | PROFETA |

```
B A L T A R T P I W
B E B A L A C R S R
A G N Y D C M O R E
L I N D C K C F A Y
A H O Q E L Q E E G
A R H K H C O T L W
M A T G I C I A A A
T I E N D A S D U L
A S N A H G G M O A
M O A B E V Z Z S X
```

# Bible Pathway Adventures®

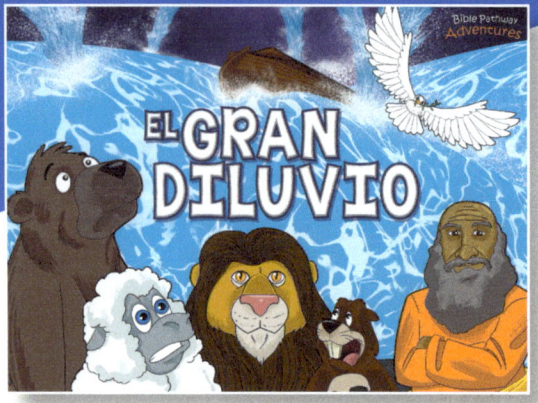
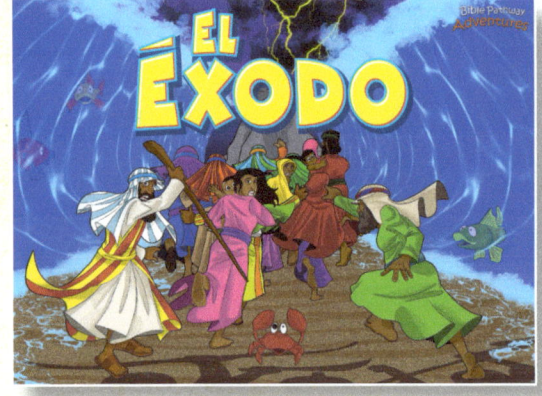

- El Éxodo
- Salomón
- La huida de Egipto
- Enfrentándose al Gigante
- El Gran Diluvio
- El Nacimiento del Rey
- Tragado por un pez
- Traición al Rey
- El Rey Resucitó
- ¡Naufragio!
- Vendido como Esclavo
- Arrojado a los Leones
- Camino a Damasco

## ¡Descubre más historias de la Biblia de Bible Pathway Adventures!

# Consulte los libros de actividades de Bible Pathway Adventures

**IR A**

## www.biblepathwayadventures.com

www.ingramcontent.com/pod-product-compliance
Lightning Source LLC
Chambersburg PA
CBHW040319100526
44583CB00004BB/158